BERUFSFINDUNG
- HEUTE -

VON
PHILLIPP BRENNER

Berufsfindung – Heute –
ist im Selbstverlag erschienen

© Nov. 2013 Phillipp Brenner
Am Geigenberg 2
79331 Teningen-Köndringen

Inhaltsverzeichnis

Wer ich bin und
warum ich dieses
Buch geschrieben habe

Mein Name ist Phillipp Brenner. Ich bin 18 Jahre alt und derzeit Schüler in der 12. Klasse der freien Waldorfschule St. Georgen in Freiburg. Mein Ziel ist es, nach einem erfolgreichen Fachhochschulabschluss zu studieren und anschließend im Hotelmanagement zu arbeiten.

Warum gerade in diesem Bereich? Nun, schon als kleiner Junge hatte ich großes Interesse an der Gastronomie. Bei Festen und Veranstaltungen habe ich gerne im Service mitgeholfen und meist sehr positives Feedback bekommen. Der Umgang mit Menschen macht mir einfach sehr viel Spaß.

Dieses Interesse hat sich bis heute sogar noch verstärkt. Und seitdem ich in verschiedenen Hotels gejobbt habe, ist es mein Ziel, im mittleren bis gehobenen Hotelmanagement arbeiten zu können.

Da für mich der Berufswunsch schon seit Langem feststeht, habe ich in meinem Freundeskreis umher gefragt, wer ebenfalls schon eine Berufsvorstellung hat. Ich war sehr erstaunt, dass fast keiner meiner gleichaltrigen Freunde eine konkrete Berufsorientierung hat. Das brachte mich dazu, über die Gründe nachzudenken. Ich begann also nachzuforschen und nachzufragen und es stellte sich heraus, dass die Berufsfindung, speziell bei Jugendlichen, doch ein großes Thema ist.

Spätestens jetzt war mein Interesse geweckt, mehr über dieses Thema herauszufinden und unter diesem Gesichtspunkt scheint mir dieses Buch ein gutes und sinnvolles Projekt zu sein.

In meiner Arbeit möchte ich selbstverständlich nicht nur von meinem eigenen Berufsweg erzählen, sondern vor allem auch andere Menschen inspirieren und meine gewonnenen Informationen und Erfahrungen mit ihnen teilen.

Ich hoffe, dass ich mit meinem Buch vor allem viele junge Menschen erreichen und dazu motivieren kann, ihre Berufsfindung etwas anders wahrzunehmen, damit sie besser gerüstet in ihre berufliche Zukunft schauen können.

Danksagung

Zuerst möchte ich mich bei meinem Mentor, Herrn Henri Schiemann, ganz herzlich bedanken. Herr Schiemann hat mir während des gesamten Projekts eine tolle Unterstützung gegeben und mich immer wieder neu motiviert.

Auch bei meinen Eltern möchte ich mich bedanken. Sie haben mich nicht nur kräftig unterstützt, sondern auch stets an mich geglaubt.

Ich selbst habe manchmal Schwierigkeiten, mich neu in ein Thema reinzufinden und gelegentlich kamen mir Zweifel, ob ich diese Arbeit erfolgreich beenden kann. Jetzt, wo das Buch fertig ist, bin ich ziemlich stolz, diese Herausforderung gemeistert zu haben.

Doch ohne Herrn Schiemann, meine Eltern und all die Anderen, die mich unterstützt und motiviert haben, wäre dieses Buch sicher nicht entstanden.

Meine Berufserfahrung

Was ich bisher gemacht habe

Alles fing vor ungefähr 6 Jahren an. Ich war damals 11 Jahre alt und seit fast 6 Jahren aktiv im Kinderchor „Lolipop". Jedes Jahr veranstaltet der Gesangsverein verschiedene Feste und Konzerte mit Bewirtung. Als es einmal einen personellen Engpass gab und Helfer zum Geschirrabräumen gesucht wurden, habe ich mich ganz spontan gemeldet und mitgeholfen.

Bei der nächsten Veranstaltung half ich wieder mit und nahm schließlich auch Bestellungen auf. Es begann, mir großen Spaß zu machen. Fortan arbeitete ich regelmäßig bei Festen im Service. Die Gäste waren erstaunt über mein Alter und bewunderten, was ich schon alles selbstständig machen konnte. Ein weiterer positiver Nebeneffekt war natürlich auch das Trinkgeld. So besserte ich mir nebenbei mein Taschengeld ein wenig auf.

Mein Interesse an der Gastronomie und dem Umgang mit Menschen blieb über die Jahre bestehen. Mit der Zeit wandelte es sich aber in Richtung Hotellerie.

Als ich mit 16 Jahren endlich jobben durfte, suchte ich mir ein kleineres Hotel, das gut geeignet war, um in die Branche reinzuschnuppern. Ich forschte im Internet nach möglichen Hotels, in denen auch meine russischen Sprachkenntnisse zum Einsatz kommen konnten.

Nach einigen Absagen wurde ich schließlich zu einem Vorstellungsgespräch im Alla Fonte, einem Hotel und Tagungshaus in Bad Krozingen, eingeladen.

Ich bekam die Zusage und arbeitete dort rund ein Jahr lang an den Wochenenden und in den Ferien.

Zu meinen Aufgaben gehörte es, das Frühstücksbuffet zu richten und nachzufüllen, die Gäste zu bedienen, an der Rezeption zu arbeiten und Gäste auf ihr Zimmer zu begleiten.

Frühstücksraum im Alla Fonte

Natürlich musste ich auch Aufgaben erledigen, die nicht so viel Spaß machten, z. B. den Frühstücks- und Konferenzraum saugen, in der Küche Teller waschen, oder auch mal bei den Zimmermädchen aushelfen. Dennoch habe ich in dieser Zeit sehr viele neue, wichtige Eindrücke und Erfahrungen gewonnen. Es war sehr interessant, hinter die Kulissen eines Hotels zu schauen und es mit anderen Augen zu sehen. Allerdings war der Anfahrtsweg zu lang, sodass ich schließlich im Alla Fonte aufhörte.

Für mich persönlich war die Zeit im Alla Fonte sehr wichtig, denn nach diesem Jahr war ich mir ziemlich sicher, dass ein Beruf im Hotelbereich genau das ist, was ich in Zukunft machen möchte.

Im Internet suchte ich nach einem näher gelegeneren Hotel, das meinen Qualitätskriterien entsprach. Mit dem Markgräflerhof in der Freiburger Innenstadt hatte ich ein solches Hotel gefunden.

Der Markgräflerhof in Freiburg

Es ist ein eher kleines Hotel mit ca. 20 Zimmern und einem Restaurant, das eine gehobene Küche anbietet.

Im Markgräflerhof arbeitete ich hauptsächlich im Service des Restaurants und hinter der Theke.

Die Arbeit im Service machte mir großen Spaß, da es sehr vieles Neues zu lernen gab. Vom Serviettenfalten und Eindecken, über das Begrüßen, das Abnehmen von Jacke oder Mantel und dem Aufnehmen der Bestellung, bis hin zum korrekten Servieren, Abräumen und Kassieren. Alles lernte ich neu.

Natürlich gab es auch unangenehme Augenblicke, wenn ich zum Beispiel einem Gast versehentlich zu wenig Wechselgeld heraus gab und der Gast mich darauf ansprach. So etwas wird auch beim Chef nicht gern gesehen. Aber im Nachhinein finde ich, sind es doch genau diese kleinen Fehler, die im ersten Moment zwar sehr unangenehm sind, an denen man aber persönlich wächst. Mit der Zeit lernt man einfach, alles immer besser einzuschätzen und bekommt so eine gewisse Routine.

Zusätzlich zum Restaurant arbeitete ich auch an der Rezeption. Dort erledigte ich neben dem Telefondienst, Reservierungen, das Check-in, Check-out und kümmerte mich selbstverständlich auch um das Wohl des Gastes. Ich wurde darauf vorbereitet, alleine die Rezeption zu übernehmen. Leider kam es dazu nicht mehr, da ich bereits nach wenigen Monaten aus terminlichen Gründen kündigen musste.

Noch vor Antritt meines Sozialpraktikums in Russland verschickte ich Bewerbungen an verschiedenen Hotels in meiner Nähe und bekam noch in der Praktikumszeit eine Rückmeldung.

Nachdem ich wieder zu Hause angekommen war, vereinbarte ich direkt ein Treffen mit dem Geschäftsführer dieses Hotels.

Das TAOme Hotel in Emmendingen

Seither jobbe ich im Feng-Shui Stadthotel "TAOme" in Emmendingen und bin dort sehr zufrieden.

Was ich noch vorhabe

Was genau ich später tatsächlich machen werde, kann ich jetzt noch nicht zu 100 % sagen. Ich werde aber, solange es mir noch Spaß macht, mein derzeitiges Berufsziel weiter verfolgen und hoffe, noch viele interessante und schöne Erfahrungen machen zu können. Doch bevor ich in das Berufsleben einsteigen werde, will ich einen guten Fachhochschulabschluss machen und studieren. Danach möchte ich eine Ausbildung zum Hotelfachmann in einem vier bis fünf Sterne Hotel machen und anschließend mindestens ein Jahr im Ausland Erfahrungen sammeln. Vielleicht auf einem Kreuzfahrtschiff oder einer Insel in der Karibik?

Mal schauen, wohin meine Reise gehen wird. Mein größter Wunsch ist es, international zu werden und so viel wie möglich von der Welt zu sehen.

Der Berufsbegriff

Was versteht man genau unter dem Begriff *Beruf*? Idealerweise ist es eine längere, vielleicht lebenslängliche Tätigkeit, mit der man sich identifizieren kann. Darüber hinaus dient er der Existenzsicherung. Aber gilt das Heute immer noch?

Es heißt *Beruf* komme von *Berufung*, doch wenn man den heutigen Arbeitsmarkt beobachtet, ist es schwierig, überhaupt von einer *Berufung* zu sprechen. Daher sagen manche, der Begriff *Beruf* sei gar nicht mehr zeitgemäß, weil die Menschen immer häufiger die Tätigkeit, also ihren *Beruf*, wechseln müssen.

Wenn man zum Beispiel früher eine Ausbildung begonnen hatte, konnte man, wenn man sich nicht ganz dumm anstellte, ziemlich sicher sein, nach der Ausbildung auch einen festen Arbeitsplatz in dieser Firma zu bekommen.

Heute hingegen ist man schon froh, wenn man eine Ausbildung abgeschlossen hat, denn viele Ausbildungen werden vorzeitig abgebrochen. Doch selbst nach Abschluss einer Ausbildung ist ungewiss, was danach kommt. Das heißt eine abgeschlossene Berufsausbildung bedeutet heute nicht, dass man damit langfristig seine Existenz sichern kann. Auch die Entwicklung von Tätigkeitsalternativen ist in den letzten Jahrzehnten sehr schnell vorangegangen.[1]

Ein bekanntes Beispiel ist der Beruf des *Schriftsetzers*, den es als Ausbildungsberuf schon seit Langem nicht mehr gibt.. In den frühen 1960er Jahren zählte dieser Beruf noch zur Elite unter den Arbeitern. Doch mit dem computergestützten Fotosatz war ab Mitte der 1960er Jahre eine neue Technologie verfügbar, die den Berufsstand der Schriftsetzer auszulöschen begann. Seither wird der Text am Computer *gesetzt* und vom Rechner aus an die Druckmaschine gesendet. Seit den frühen 1990er Jahren werden Desktop-Publishing Programme verwendet, um die Druckseiten zu gestalten und die Druckmaschinen anzusteuern.

Schon seit vielen Jahren sind Bleisetzmaschinen nur noch Museumsstücke und der Beruf des Setzers Vergangenheit. Über zwei Drittel der Schriftsetzer wurden gekündigt und durch

Computer ersetzt. Für den Rest stellte sich die Frage: Sollte man nun umschulen und die Computer bedienen oder einen komplett neuen Beruf erlernen? Etwa Pförtner?

In einem Zeitungsartikel von 1978 wurden zwei Schriftsetzer interviewt. Darin ging es genau diese Problematik. Am Ende des Interviews wurden sie auf die Planung ihrer berufliche Zukunft angesprochen; beide waren ratlos und hatten keine greifbare Lösung.[2]

Berufsfindung allgemein

Die Entscheidung für eine Ausbildung ist eine Entscheidung für die berufliche Zukunft – die sollte natürlich gut überlegt sein.[3]

Da die Berufswahl eine äußerst wichtige Entscheidung im Leben ist, sollte diese gut geplant und durchdacht sein. Das klappt gut, wenn man sich genügend darauf vorbereitet.

Manche Menschen wissen bereits sehr früh, was für einen Beruf sie später ergreifen möchten. Leider ist das nicht die Mehrheit. Alle anderen müssen sich am Ende der schulischen Ausbildung die Frage stellen: *Was will ich eigentlich werden*? Das ist für viele sehr schwierig, da sie sich während der Schulzeit nur wenige Gedanken gemacht haben.

Um herauszufinden, welcher Beruf der richtige sein könnte, ist es wichtig, die persönlichen Stärken und Schwächen zu kennen.

Was kann ich?

Wer seine Schwächen und Stärken bei der Berufswahl kennenlernen möchte, dem empfiehlt Berufsberaterin Uta Glaubitz, sich folgende Frage zu stellen: Wann hast Du gedacht: Das habe ich wirklich sehr gut gemacht?" [4]

Das ist natürlich von Mensch zu Mensch sehr unterschiedlich. Wer zum Beispiel großes Engagement bei der Schülerzeitung zeigt, der hat ja vielleicht Spaß am Schreiben und möchte gerne Leute informieren. Eine gut geplante Veranstaltung etwa demonstriert Organisationstalent und die Fähigkeit, Andere von den eigenen Ideen zu überzeugen.

Hilfe von Freunden und Familie

Natürlich ist es genau so wichtig die eigenen Schwächen zu kennen und aufzuschreiben, um einen Vergleich zu haben. Hierbei ist es auch sehr hilfreich, sich Unterstützung von Freunden und Familie zu holen. Diese können einen sehr gut einschätzen, sehen aber die Stärken und

Schwächen aus einer anderen Perspektive und können Hinweise geben, auf die man selber vielleicht nicht kommen würde.

Natürlich können solch *externe Einflüsse* auch von Nachteil sein. *Lern doch mal was Vernünftiges* - solche und ähnliche Sätze sind sehr beliebt und können einen schnell aus der Bahn werfen und daran zweifeln lassen, ob der eingeschlagene Weg auch der richtige ist.

Dennoch ist es wichtig, sein persönliches Ziel im Kopf zu behalten und sich nicht zu stark von Anderen beeinflussen zu lassen. Es geht ja schließlich um die eigene Zukunft und diese Entscheidung kann einem niemanden abnehmen.

Auch die Schulnoten sollten einen auf den ersten Blick nicht verunsichern. Natürlich wird man mit einem Hauptschulabschluss nicht Medizin oder Jura studieren können, dennoch sind die Schulnoten nicht alles bei der Berufswahl.

Viel wichtiger ist es die eigenen Fähigkeiten und Talente bei der Berufswahl zu berücksichtigen. Denkanstöße können persönliche Interessen sein, oder etwa das eigene Hobby!

Natürlich werden die Schulnoten später eine wichtige Rolle spielen - gerade wenn man studieren möchte -, aber dennoch sollte man keine Angst haben, dass man mit einer Sechs in Mathe keinen kaufmännischen Beruf erlernen kann.[5]

Was will ich?

Nachdem man die eigenen Stärken und Schwächen herausgefunden hat, kann man nun einen Schritt weiter gehen und sich die Frage stellen: *Was will ich überhaupt*?.

Auch eine sehr wichtige Frage ist: *Was ist mir eigentlich wichtig*?

Wenn man die letzte Frage heute Jugendlichen stellt, bekommt man meistens die gleichen Antworten: *Geld verdienen, Karriere machen, eine Familie gründen, dennoch aber viel Zeit mit den Freunden und der Familie verbringen.*

Andere möchten etwas in der Natur machen, kreativ sein, oder mit Tieren arbeiten.

Gerade bei Jugendlichen ist es wichtig, diese Faktoren in die Berufswahl miteinzubeziehen. Dennoch sollte man sich darüber im Klaren sein, dass es meistens nicht möglich ist, all diese Faktoren auch wirklich umzusetzen.

Ist die Berufswahl wirklich frei?

Leider ist die Berufswahl nicht wirklich frei, denn häufig ist es schwierig, überhaupt einen Ausbildungsplatz zu bekommen. Um so schwieriger ist es, später eine Anstellung im sogenannten *Traumberuf* zu bekommen. In so einer Situation, wenn es viel Konkurrenz gibt, spielen dann die Schulnoten wieder eine größere Rolle. Denn bei vielen, gleich qualifizierten Bewerbern, entscheiden am Ende oft die Schulnoten.

Doch selbst wenn es beim ersten Vorstellungsgespräch nicht klappt, sollte man nicht einfach aufgeben, sondern daraus lernen und die gewonnenen Informationen beim nächsten Vorstellungsgespräch mit einbringen.[6]

Welcher Beruf passt zu mir?

Wenn die Stärken und eigenen Wünsche gefunden sind, kann die Berufswahl losgehen. Da es in Deutschland hunderte von Ausbildungsmöglichkeiten gibt, kann es auch schon mal zu leichten Verwirrungen kommen. Da dieses Ausbildungssytem stets im Wandel ist, gab es in den letzten Jahren auch sehr viele Änderungen. Das Ausbildungsjahr 2008 zum Beispiel startete mit sieben neuen und zwei modernisierten Ausbildungsberufen.[7]

Gerade für junge Leute ist es wichtig, den Überblick nicht zu verlieren und sich rechtzeitig zu informieren.

Um einen Einstieg in die detaillierte Berufsfindung zu vereinfachen, sollte man sich zunächst für eine Branche entscheiden: Medienbranche, Gesundheitswesen, kaufmännische Tätigkeiten - oder doch lieber etwas im Handwerk, in der Natur oder die Arbeit mit Kindern oder Senioren?

Hat man sich für eine Branche entschieden, kann man diese genauer unter die Lupe neh-

24

men. Welche Berufe in dieser Branche kommen für einen infrage und welche Ziele beinhaltet diese Ausbildung. Wichtig ist es auch, Informationen zu bestimmten Begriffen einzuholen. Zum Beispiel, wo ist der Unterschied zwischen *Kaufmann* und *Fachmann*?

Bei solchen und ähnlichen Fragen kann man Hilfe beim Berufsinformationszentrum (BIZ) bekommen.

Der Berufswahltest

Wer sich jetzt immer noch schwertut, kann auch sogenannte Berufswahltests benutzen. Die orientieren sich meistens an den persönlichen Interessen und machen Vorschläge, auf die man selbst gar nicht gekommen wäre. Ob diese Vorschläge auch wirklich den persönlichen Vorstellungen entsprechen, sei in den Raum gestellt. In jedem Fall sind sie eine gute Hilfe bei der Berufswahl und bieten vielleicht für den Einen oder Anderen einen Denkanstoß.

Solche Berufswahltests kann man bei verschiedenen Anbietern machen. Auch online ist das möglich. Neben kostenlosen Alternativen gibt es auch Tests, bei denen eine – teilweise ziemlich happige Gebühr – verlangt wird.

Kostenpflichtige Berufswahltests

Bei kostenpflichtigen Berufswahltests, die oft im Internet angeboten werden, sollte man vorsichtig sein. Bei einigen Anbietern kommen im Nachhinein unerwartete Kosten auf einen zu. Auch ist auf den ersten Blick nicht immer gleich klar, ob es sich um einen seriösen Test handelt oder wie es um die Qualität der Testmethode bestellt ist.

Deshalb wird geraten auf namenhafte Anbieter zu vertrauen und auch nur dann einen kostenpflichtigen Test zu machen, wenn dieser etwas zu bieten hat.

Der kostenlose Berufswahltest

Warum für etwas Geld ausgeben, das es auch kostenlos gibt? Beim Berufs- und Informationszentrum (BIZ) zum Beispiel gibt es die

Möglichkeit einen solchen Test kostenlos zu machen. Außerdem kann das Ergebnis direkt mit einem Berufsberater vor Ort besprochen und zusätzliche Informationen können eingeholt werden.

Den Test beim BIZ nutzen jährlich etwa 35.000 Menschen. Aber auch im Internet sind immer häufiger kostenlose Berufswahltests zu finden. Diese dauern ca. 20 Minuten und werden aufgrund persönlicher Interessen ausgewertet. Das Ergebnis erscheint meistens direkt oder wird per E-Mail versandt. Ob diese Tests qualitativ bewertbar sind, ist umstritten.[8]

Ausbildungsabbruch

Wussten sie, dass im Schnitt jeder fünfte Azubi seine Ausbildung vorzeitig abbricht?

Nein? Das liegt vielleicht daran, dass man davon auch weniger mitbekommt. Dennoch finde ich es wichtig diese Zahlen zu nennen, da auch die Gründe der jeweiligen Abbrüche interessant sind.

Die Abbruchquote ist von Beruf zu Beruf unterschiedlich, da jeder Beruf seine eigenen Vor- und Nachteile hat.

Mithilfe der Studie des Bundesinstituts für Berufsbildung (BIBB) kann man zu interessanten Zahlen und Ergebnissen kommen. So sind es meistens die Auszubildenden, von denen das Verlangen zur Vertragsauflösung aus geht:

- 57 % der Abbrüche gehen auf eine Kündigung des Azubis zurück.

- In 32 % der Fälle erfolgt die Kündigung durch den Ausbilder.

- Bei 11 % der Abbrüche kam es zu einem Aufhebungs- bzw. Auflösungsvertrag in gegenseitigem Einvernehmen.[9]

Wenn man diese Zahlen liest, denkt man vielleicht: *Warum fängt man dann überhaupt eine Ausbildung an?* Doch um diese Frage zu beantworten, muss man die Gründe für die Abbrüche kennen:

- In 70 % der Fälle waren die Bedingungen im Betrieb Grund für den Abbruch der Ausbildung. Am häufigsten wurden persönliche Konflikte genannt. Aber auch mangelhafte Ausbildung, ausbildungsfremde Tätigkeiten und die Arbeitszeiten waren oft ein Grund für den Abbruch.

- 46 % der Abbrüche haben persönliche Gründe als Auslöser z. B. gesundheitliche Probleme.

- In rund 33 % der Fälle haben Auszubildende die Ausbildung abgebrochen, weil sie unglücklich über die Berufswahl waren. Der Ausbildungsberuf war oft von vorneherein nicht der Wunschberuf des Auszubildenden, bzw. die Auszubildenden hatten sich die

Ausbildung und den Beruf ganz anderes vorgestellt.

Wie man nun sehen kann, gibt es eine Menge Gründe seine Ausbildung abzubrechen. In den meisten Fällen erfolgt der Abbruch bereits sehr früh:

- 4 % vor Beginn der Ausbildung
- 60 % im ersten Ausbildungsjahr
  (davon 29 % in der Probezeit)
- 25 % im zweiten Ausbildungsjahr
- 10 % im dritten Ausbildungsjahr"[10]

Doch was machen diese Menschen nach dem Abbruch? Interessanterweise bleibt rund die Hälfte der Abbrecher bei dem Ausbildungssystem. Meistens lernen sie sogar denselben Beruf weiter, nur in einem anderen Betrieb. Einige wechseln in eine für sie komplett neue Berufsgruppe.

Laut einer Studie des BIBB von 2003 verhielten sich die Azubis nach dem Abbruch der Ausbildung folgendermaßen:

- 50 % schlossen in einem anderen Betrieb einen Ausbildungsvertrag ab.

- 8 % wechselten in eine Berufsfachschule oder begannen ein Studium.

- 4 % besuchten zur Verbesserung ihres Schulabschlusses noch einmal eine Schule.

- 9 % gingen einer Erwerbstätigkeit nach.

- 17 % wurden arbeitslos.

- 11 % befanden sich in einer sonstigen Tätigkeit. [11]

Keine Lust
auf eine Ausbildung?

Wie sie sicher schon festgestellt haben, liegt der Schwerpunkt meines Buches auf dem Ausbildungssystem. Natürlich gibt es auch andere Möglichkeiten nach der Schule seinem Beruf näherzukommen. Immer mehr Menschen beginnen nach der Schule ein Studium. Natürlich braucht man dazu auch den richtigen Schulabschluss. Insbesondere wenn man Arzt oder Anwalt werden möchte. Denn in vielen Studienfächern ist ein Numerus clausus vorgeschrieben und da braucht man dann ein entsprechend gutes Abitur.

Aber muss es unbedingt ein Abitur sein, damit man studieren kann?

Nein. Schon mit einem Fachhochschulabschluss lässt sich auf einer Hochschule studieren. Es kommt ganz darauf an, ob man an einer Universität studieren und den Bachelor oder Master machen möchte, oder ob ein Abschluss an einer Hochschule, beispielsweise im Bereich

BWL, für einen selbst ausreicht. Da ich, wie gesagt, meinen Schwerpunkt auf die Berufsausbildung gelegt habe, möchte ich den Bereich Studium hier nicht weiter behandeln.

Dennoch ist es wichtig, rechtzeitig zu wissen, was man später beruflich machen möchte. Denn man sollte sich darüber im Klaren sein, welcher Schulabschluss nötig ist, um einen Ausbildungsplatz in seinem Wunschberuf zu bekommen.

Mein Beruf ist mein Hobby

Für Einige ist schon seit langem klar, was sie später mal beruflich machen werden. Doch das sind die Wenigsten. Für viele ist die Berufsfindung eine echte Herausforderung und den meisten bereitet das großes Kopfzerbrechen. Dann sind da noch die äußeren Einflüsse (Familie, Freunde, Wirtschaftssituation etc.). Wie soll man da noch einen klaren Kopf behalten und sich entscheiden können?

Am Besten ist es, auf seine persönlichen Interessen zu schauen. Um diese mit dem Beruf zu verbinden, lohnt es sich, sein Hobby mal genauer unter die Lupe zu nehmen. Vielleicht kann man ja sein Hobby zum Beruf machen.

Wer ein Hobby hat, hat seinen

Beruf vielleicht schon gefunden!

Wer mit großer Leidenschaft ein Hobby be-treibt oder wer eine absolute Lieblingsbeschäftigung hat, der man den ganzen Tag nachgehen könnte, der hat vielleicht schon die perfekte Berufung gefunden. Deshalb lohnt es sich auf jeden Fall, einmal darüber nachzudenken, ob das eigene Hobby nicht zum Beruf gemacht werden kann.

Wer sich zum Beispiel gerne mit Tieren beschäftigt, für den könnte ja Tierarzt oder Tierpfleger der richtige Beruf sein. Jemand, der sich super mit Computern auskennt, könnte sich im Bereich IT nach Ausbildungsmöglichkeiten umsehen. Und wer ein Heimwerker ist und jede Kleinigkeit zu Hause repariert oder wer einfach gerne werkelt, der wird sicher in einem Handwerksberuf glücklich.

Das waren jetzt nur ein paar Ideen und kleine Denkanstöße. Natürlich könnte ich noch viele mehr aufzählen, aber jeder sollte selbst wissen, was ihm liegt.

Vom Hobby über
die Talente zum Beruf

Auch wenn man das Hobby nicht zum Beruf machen will oder kann, sollte man nicht gleich aufgeben. Für die Suche nach dem passenden Beruf kann es trotzdem nützlich sein. Dabei sollte das Hobby aus einer anderen Sichtweise betrachtet werden.

Jemand der beispielsweise in einer Band spielt, beweist nicht nur musikalisches Talent. Wer in einer Band spielt, der muss auch teamfähig sein und hat vielleicht Organisationstalent.

Es kann also helfen, das eigene Hobby einmal darauf zu untersuchen, welche Talente sich dahinter verbergen und welche Art von Arbeit einem liegt. Somit kann einem das Hobby zum späteren Beruf verhelfen, ohne dass man das Hobby selbst zum Beruf macht.

Wichtig ist natürlich auch, die Grenze zwischen Hobby und Beruf zu kennen. Nicht jedes Hobby eignet sich für den Beruf und vielleicht nimmt einem die *Verberuflichung* des Hobbys, ja auch den ganzen Spaß.

36

PHILLIPP BRENNER

Das, was man beruflich macht, sollte einen interessieren, aber einige Interessen kann man sich auch gut für die Freizeit bewahren. [12]

Der Weg des Berufes

Berufsfindung in der Vergangenheit

Seit den 1950er Jahren kann man eine immer komplexer werdende Arbeitswelt beobachten. Diese benötigt auch einen erhöhten Bedarf an beruflicher Information.

Daher ist es die Hauptaufgabe der Berufsberatung, so viele Informationen wie möglich bereitzustellen, sei es über die Berufs- und Arbeitswelt, oder durch Vorträge von Berufsberatern, die extra in Schulklassen kommen, um auf die Schüler und ihre Fragen einzugehen. Seit dieser Zeit vermittelt die Berufsberatung auch Berufsmessen, Betriebsbesichtigungen oder Schnupperlehren.

Am Wandel des Buchdrucks bis in die heutige Zeit zur Großindustrie ist eindeutig zu erkennen, dass heutzutage eine schnelle Produktion, geringe Kosten und ein reibungsloser Ablauf, sowie die Vielfalt eines Produktes gesichert sein müssen, um die Bedürfnisse der Industrie, Wirtschaft und Gesellschaft zu erfüllen.

Früher wurden beliebte Luxusgüter wie Taschenuhren oder Bücher nur von der reicheren Schicht gekauft. Doch seither hat die Technologie einige riesige Sprünge gemacht und hat heute die Mittel, den Bedarf vieler Märkte und Konsumenten mit viel geringerem Zeitaufwand und Kosten zu decken. Auch die Auswahl ist stark angestiegen. So kann auf die unterschiedlichen Bedürfnisse der Käufer eingegangen werden, was wiederum ein enormer Fortschritt für den Welthandel ist, da heute Waren schneller und sicherer von A nach B gelangen.

Dennoch brachte dieser Wandel auch einige Nachteile mit sich, den viele alte Handwerksberufe wie z. B. der Schriftsetzer sind inzwischen ausgestorben. Bestimmte Qualitätswaren wie etwa Uhren oder Schmuck, werden heute immer noch von Hand gefertigt und sind deutlich teurer als industriell hergestellte. [13]

Der demografische Wandel

Oft genug kann man hören, *aufgrund des demografischen Wandels fehle es den Firmen an ausreichenden Fachkräften.* Doch was genau passiert bei einem demografischen Wandel? Bereits 1972 war die Sterberate in Deutschland höher als die Geburtsrate, und selbst wenn die Alterserwartung durch neue Methoden oder Medikamente stark gestiegen ist, verliert Deutschland immer mehr an Bevölkerung. Das wirkt sich natürlich auch auf den Arbeitsmarkt aus. Bis jetzt kann das noch durch Zuwanderung ausgeglichen werden, doch in Zukunft ist davon auszugehen, dass die Erwerbsquoten für Ältere und Frauen weiter stark zunehmen werden. Viele Frauen in Teilzeitbeschäftigung möchten gerne länger arbeiten. Hochgerechnet entspricht das wöchentlich rund 40 Millionen Stunden.[14] Das ist wiederum für den demografischen Wandel nicht ganz uninteressant, denn diese Zeit entspricht ungefähr einer Million Vollzeitkräfte, was den Wandel etwas bremsen könnte. Eine *kontrollierte* Zuwanderung würde Ähnliches bewirken.

Im Jahr 2011 ist die Nettozuwanderung auf über 200.000 angestiegen, und in einer ähnlichen Größenordnung dürfte sie sich auch im laufenden Jahr bewegen.

Aber dennoch müssen wir uns keine Sorgen machen, dass Deutschland ausstirbt, denn tatsächlich sind diese Probleme nur bei der Rekrutierung bestimmter Fachkräfte vorhanden. Beispielsweise bei Ingenieuren oder in sozialen oder bestimmten Gesundheitsberufen. Doch das hat nichts mit dem demografischen Wandel zu tun. Noch ist dieses Problem nicht wirklich spürbar – in ein paar Jahren mag dies anders aussehen. Wenn wir so weiterleben wie jetzt, könnte es zu einem großen Problem werden. [15]

Was verändert sich in Zukunft?

Selbstverständlich kann man hier nur Hypothesen aufstellen, aber eins ist sicher: In ferner Zukunft wird sich einiges verändern. Dabei werden einige Berufe wie Ingenieur oder Ernährungswissenschaftler von großer Wichtigkeit sein. Das gesamte Berufsleben wird nicht mehr so gebunden sein. Man wird einfach flexibler werden, was die Trennung zwischen Privatem und Beruflichem angeht. Durch die Globalisierung werden die Menschen gezwungen sein, Zeitzonen sowie kulturelle Unterschiede zu überwinden, um miteinander zu kooperieren. Somit wird die virtuelle Kommunikation stark zunehmen.

Auch das Denken über den Klimawandel wird sich verändern und das Umweltbewusstsein wachsen. Das überträgt sich auch auf die Arbeitswelt. Gerade Architekten, Physiker oder Ingenieure werden das zu spüren bekommen. Alles Weitere bleibt offen.[16]

PHILLIPP BRENNER

Praktikumsbericht
aus dem Colombi Hotel

Warum gerade das Colombi Hotel?

Im Rahmen meiner Schulausbildung war es erforderlich, ein Praktikum zu machen. Da ich das nicht in irgendeinem Hotel machen wollte, suchte ich nach gehobenen Hotels mit wenigstens 4 oder 5 Sternen. Bewerbungen verschickte ich an den Windenreutner Hof in Windenreute, den Roten Bären und das Colombi Hotel in Freiburg. Bei allen Dreien bekam ich nach einem Bewerbungsgespräch positive Feedbacks.

Ich hatte also die Wahl und nutzte die Chance in einem so bekannten 5-Sterne-Hotel wie dem Colombi zu arbeiten. Zudem war es ohnehin mein Wunschhotel. Und da ich später in gehobenen Hotels arbeiten möchte, fand ich es angebracht, schon einmal in ein solches Hotel hinein zu schnuppern. So kann ich besser einschätzen, was später auf mich zu kommt.

In den zehn Tagen, in denen ich im Colombi arbeitete, habe ich fundierte Einblicke in folgenden Abteilungen bekommen:

- Bankett

- Café

- Weinstube/Bankett

- Magazin

- Küche

- Konditorei

Über jede Abteilung werde ich nun kurz berichten.

Tag 1 und 2 - Bankett

Die ersten zwei Tage arbeitete ich im Bankett. Zur Erklärung *Bankett*: ist eigentlich die Begriffsbezeichnung für ein festliches, feierliches Mahl für mehrere Personen. Üblich sind z. B. auch heute noch Begriffe wie Festbankett oder Staatsbankett. Im Colombi ist das Bankett so benannt, da es dort hauptsächlich um diese Art von Veranstaltungen geht. Meistens sind es

Mittag- oder Abendessen mit besonderem Anlass. [17]

Der Tag begann für mich um 7:30, was eine ziemliche Umstellung bedeutete, da um diese Uhrzeit in den Ferien alle meine Freunde noch schliefen. Meine Arbeit begann um 8:00 Uhr mit dem Frühstück.

Phillill Brenner im Frühstücksraum des Colombi Hotels

Dort angekommen wurde mir meine Arbeitskleidung ausgehändigt (weißes Hemd, schwarzer Blazer und Fliege) und dann wurde ich direkt *ins kalte Wasser* geschmissen.

Zu meinen Aufgaben gehörte es, die Gäste zu empfangen, für ihr leibliches Wohl zu sorgen und, nachdem sie gegangen waren, den Tisch abzuräumen und neu einzudecken.

Ich hatte mir die Arbeit und das Arbeitsklima viel strenger und angespannter vorgestellt, da das Colombi Hotel mit seinen 5 Sternen doch ein ganz anderes Niveau hat, als die Hotels in denen ich bisher gearbeitet hatte. Zu meiner Verwunderung war das aber nicht der Fall. Natürlich gab es viele neue Sachen, die ich vorher nicht kannte - z. B. gewisse Regeln, wie man eine alte Tischdecke entfernt und eine Neue bezieht, ohne dass man den Tisch sieht. Doch wenn ich bei irgendetwas Schwierigkeiten hatte, stand mir immer ein sehr nettes und hilfsbereites Team zur Seite. Auch die Gäste waren anders, als ich sie mir vorgestellt hatte, da in diesem Hotel eher wohlhabende Menschen verkehren.

Zwischen 9:30 und 10:00 Uhr waren dann auch die letzten Gäste gegangen und das Buffet konnte abgeräumt werden.

Bis zur Pause gegen 11:00 Uhr durfte ich mit einem Azubi die typische *Lehrlingsarbeit* machen. Wir mussten beispielsweise das versilberte Zuckergeschirr auf den Tischen polieren.

In der Pause wurden wir von der hauseigenen Küche mit abwechslungsreichen Gerichten verköstigt. Im Anschluss begannen die Vorbereitungen für das Mittagessen im Saal „Innsbruck". In diesem Saal ist es Gruppen möglich zu speisen, sowie Tagungen oder Besprechungen abzuhalten.

Meistens essen die Gruppen zuerst. Im Anschluss folgt dann eine Besprechung oder Tagung. In der Regel hatten es diese Gruppen mit dem Essen sehr eilig. Ein Drei-Gänge-Menü wurde meist in unter 45 Minuten verspeist.

Die beiden Tage im Bankett fand ich sehr interessant und sie haben mir auch sehr viel Spaß gemacht, da ich im direkten Kontakt mit den Gästen war. Außerdem habe ich zu den *Basics* im Service sehr viel Neues dazugelernt.

Tag 3 - Café

Am dritten Tag wurde ich im Café eingeteilt. Ich musste zwar wieder so früh aufstehen, aber diesmal fiel es mir schon leichter. Anfangs gefiel es mir nicht so sehr, da ich die ganze Zeit putzen und Besteck polieren *durfte*.

Erst gegen Vormittag, als immer mehr Gäste kamen, durfte ich dann zum ersten Mal selbst eine Bestellung aufnehmen. Dass ich bereits Erfahrungen in der Gastronomie gesammelt hatte, bemerkten die Angestellten recht schnell und so durfte ich immer mehr in den Service.

Gegen Mittag hatte ich dann meinen eigenen Bereich zum Bedienen und ich weiß nicht, ob es Schicksal oder einfach nur Zufall war, aber genau dort bediente ich ein russisches Pärchen. Abgesehen vom Bedienen konnte ich jetzt auch noch meine russischen Sprachkenntnisse einsetzen, was mir besonderen Spaß machte.

Zum Café gehört auch eine sehr ergiebige Kuchentheke, in der auch allerlei Pralinen, sowie jede Menge Selbstgebackenes zu finden ist.

Diese wird täglich von der hauseigenen Konditorei beliefert.

Leider konnte ich nur einen Tag im Café arbeiten. Insgesamt hat mit die Arbeit im Café sehr viel Spaß gemacht. Und ich habe gelernt, dass man auch mal Aufgaben in Kauf nehmen muss, die einem weniger Spaß machen. Denn auch das gehört zum Beruf dazu..

Ein weiterer netter Nebeneffekt war natürlich das Trinkgeld.

Tag 4 - Restaurant

Am vierten Tag meines Praktikums arbeitete ich morgens im Bankett und nach der Pause im Restaurant. Im Bankett, also Frühstück, war alles wie an den ersten zwei Tagen.

Auf die Arbeit im Restaurant war ich natürlich sehr gespannt, da die *Weinstube* für ihre gehobene Qualität bekannt ist. Dort angekommen merkte ich sofort, dass hier ein anderer Wind wehte. Ich durfte anfangs Gläser polieren, Weine einsortieren und Ähnliches mehr. Hatte ich anfangs noch die Hoffnung, auch hier im Service arbeiten zu können, musste ich schnell feststellen, dass es bei solchen einfachen Arbeiten bleiben würde. Und dabei hatte ich mir so sehr gewünscht, im Service mitarbeiten zu können.

Im Nachhinein habe ich Verständnis dafür, dass ein Praktikant nicht sofort im Service eingesetzt werden kann. Denn dies erfordert eine Menge Erfahrung und nicht einmal die Azubis im ersten Lehrjahr durften im Service arbeiten.

Eine willkommene Abwechslung war der Minibarservice. Dabei musste ich anhand einer Liste zu bestimmten Zimmern gehen, und gegebenenfalls die Minibar auffüllen. Das war für mich ganz interessant, da ich so auch die Hotelzimmer kennenlernen konnte.

Es war zwar eine Erfahrung wert in ein so gehobenes Restaurant reinschnuppern zu können, dennoch muss ich sagen, dass dies der einzige Tag im Praktikum war, der mir nicht wirklich gefallen hat.

Tag 5 und 6 - Magazin

Am fünften und sechsten Tag arbeitete ich im Magazin. Das ist ein anderer Begriff für Lager. Das Magazin befindet sich im Keller des Hotels.

Als ich am ersten Tag dort ankam, war ich sehr froh, dass ich eine Führung durch die *Katakomben* des Hotels bekam, denn ohne diese Führung, hätte ich mich bestimmt verirrt.

Das Colombi hat, wenn ich mich erinnere, 6 verschiedene Kühlhäuser, 7 verschiedene Lagerräume sowie einen riesigen Weinkeller, mit dessen grob geschätztem Wert man ein zweites Hotel bauen könnte. Der teuerste Wein bzw. Champagner kostet 4.800 Euro.

Phillipp Brenner im Weinkeller des Colombi Hotels

Nachdem ich diese Dimensionen erst mal verarbeitet hatte, konnte ich mich schließlich der Arbeit zuwenden. Im Prinzip ist die Tätigkeit ganz einfach. Täglich kommen die Lieferanten und bringen frische Lebensmittel, Getränke, Reinigungsmittel usw. Diese gilt es dann, in die jeweiligen Lager bzw. Kühlhäuser zu verräumen.

Nach der Pause kam mein Lieblingsteil in dieser Abteilung. Vor dem sogenannten „Office" des Magazins ist ein kleiner Briefkasten, der regelmäßig zu leeren war.

Dort werfen alle Abteilungen des Hotels ihre Bestellungen ein. Was benötigt wird (Spirituosen, Getränke, Snacks Reinigungsmittel oder Ähnliches) steht auf einer Liste und ich musste dann mit einem Einkaufswagen durch den Keller fahren und alles *einkaufen*.

Da das alles sehr neu für mich war, fühlte ich mich wie in einem großen Einkaufsladen.

Zwischendurch kamen auch immer wieder verschiedene Angestellte, die diverse Sachen aus unterschiedlichen Lagern brauchten (z. B. Putz- oder Lebensmittel). Da bis auf das Küchenlager,

jedes Lager verschlossen ist und nur die Maga-
ziner einen Schlüssel haben, kam es auch mal
vor, dass ich wegen eines Baguettes durch das
halbe Hotel laufen musste. Aber wie schon gesagt, das gehört halt auch dazu.

Gegen Ende der Schicht mussten dann noch alle
leeren Flaschen eingeholt und sortiert werden.

Der zweite Tag im Magazin war vormittags ähnlich, wie der Tag zuvor. Gegen Mittag fuhr ich
mit zwei Arbeitskollegen zur *Klostermühle* in
Offnadingen. Die hat das Colombi Hotel vor
ungefähr einem Jahr gepachtet. Die Klostermühle ist, wie der Name schon sagt, eine alte
und denkmalgeschützte Mühle, mit einem um-
fangreichen Weinkeller. Neben Caterings
werden verschiedene Events in der Klostermühle veranstaltet.

Dort mussten wir eine Inventur durchführen -
zuerst im Weinkeller und dann in der Küche.
Anschließend hatte ich, wie bisher jeden Tag,
um 16:00 Uhr Feierabend.

Auch wenn mir diese zwei Tage im Magazin
ziemlich viel Spaß gemacht haben, wäre dies
auf Dauer nichts für mich. Zum einen ist die

Arbeit ein bisschen zu monoton und man kommt nicht wirklich ans Tageslicht, da man ja die ganze Zeit nur im Keller ist.

Tag 7 und 8 - Küche

Meine vorletzte Station während des Praktikums war die Küche. Der erste Tag gehörte der Bankettküche, d. h. diese Küche bekocht fast ausschließlich das Bankett.

Mein Arbeitstag begann um 9:30, somit konnte ich wenigstens ein bisschen länger schlafen, was in den Ferien auch mal gut tat.

Nach einigen Startschwierigkeiten mit dem Zuknöpfen der Kochjacke begannen die Vorbereitungen für das Mittagessen. Ich schnitt soviel Gemüse, dass ich am Schluss gar nicht mehr genau wusste, was ich alles geschnitten hatte. Währenddessen setzte der Chefkoch eine Tomatensuppe aus sehr vielen Tomaten und diversem Gemüse auf. Nach einigen Stunden wurde diese dann von einem Azubi und mir passiert. Ansonsten schnitt ich weiter Gemüse, putzte hier und da und bekam eine Reihe interessanter Tricks vom Chefkoch.

Am 2. Tag in der Küche ging die Arbeit dann richtig los, da ich nun in der Restaurantküche war.

Das soll nicht heißen, dass in der Bankettküche weniger gearbeitet wird, ich hatte dort nur leichtere Aufgaben.

In der Restaurantküche musste ich zunächst unzählige Amuse-Gueules (kleine Grüße aus der Küche) vorbereiten. Als dann am Vormittag das Tagesgeschäft begann, half ich den Köchen, wo ich konnte, bzw. so gut ich konnte. Insbesondere beim Vorbereiten von Salaten und Vorspeisen konnte ich helfen.

Gegen 14:30 machte die Küche zu und es wurde geputzt. Und dieses *Putzen* verlief in einer mir bisher unbekannt Art und Weise: Ein Eimer mit Wasser und Reinigungsmittel wurde quer über der Arbeitsfläche ausgeleert und dann hieß es mit Stahlwolle schrubben. Anschließend wurde mit einem Abzieher, ähnlich wie an einer Tafel in der Schule, das überschüssige Wasser entfernt. Zum Schluss wurde dann das Wasser, das

sich am Boden gesammelt hatte, ebenfalls entfernt. Doch vor diesem Schritt musste ich
höllisch aufpassen, nicht auszurutschen denn
der Boden ähnelte einem kleinen Schwimmbe-
cken.

Tag 9 und 10 - Konditorei

Die letzte Abteilung meines Praktikums war die
Konditorei. Einerseits war ich froh, nun am Ende
meines Praktikums angekommen zu sein, ande-
rerseits hätte ich aber auch gerne noch eine
Woche angehängt - wenn es nicht in den Ferien
gewesen wäre.

Das Erste, was mir direkt auffiel, war, dass die
Konditorei jeden Tag alle Kuchen frisch zube-
reitet. Das war auch dementsprechend viel
Arbeit. Zum Glück war die Personalchefin gnä-
dig mit mir und ich musste *erst* um 8:00 Uhr
anfangen. Für die anderen Mitarbeiter war
deutlich früher Arbeitsbeginn.

Da jeden Tag etwa 20 - 30 Torten und Kuchen
über den Tisch gingen und alles frisch gemacht
wurde, ist der Arbeitsaufwand ziemlich hoch.

PHILLIPP BRENNER

Phillipp Brenner in der Backstube des Colombi Hotels

Weniger gefallen hat mir das Belegen der Obst-
kuchen, weil das eine recht monotone Arbeit
ist. Während ich mich hauptsächlich mit dem
Belegen beschäftigte, wurden verschiedene
Croissants, kleine Obsttörtchen und vieles mehr
gemacht. Und alles in einem Tempo, an das ich
mich erst mal gewöhnen musste. Trotzdem
kann ich rückblickend sagen, dass mir die
Arbeit Spaß gemacht hat, da auch hier, wie fast

überall, ein sehr nettes und hilfsbereites Team geholfen hat die Motivation zu steigern.

Mein persönliches Fazit:

Jetzt, wo das Praktikum Vergangenheit ist und ich in Ruhe noch einmal drüber nachdenken konnte, kann ich sagen, dass mir die Zeit im Colombi Hotel echt sehr viel Spaß gemacht hat und ich das gerne wieder machen würde. Vielleicht das nächste Mal als Ausbildung?

Dieses Praktikum hat mir noch einmal gezeigt, dass mir diese Arbeit auch auf sehr hohem Niveau noch Spaß macht. Wie überall gibt es hier und da immer mal wieder Situationen, in denen man gar kein Bock mehr hat oder eine Arbeit einen echt annervt, doch das gibt es schließlich überall.

Auswertung
meines Fragebogens

Zur Vorbereitung dieses Buches habe ich einen Fragebogen an Schüler in meinem Alter ausgeteilt. Anhand dieses Fragebogens habe ich versucht, mir ein Bild davon zu machen, ab wann Jugendliche beginnen, über die Berufswahl nachzudenken.

Am Ende bekam ich 43 ausgefüllte Exemplare zurück und habe diese ausgewertet. Anhand dieser Bögen kann ich nun einige Antworten veranschaulichen. Ausgewertet habe ich jeweils männliche (27 Fragebögen) und weibliche (16 Fragebögen).

Alle Befragten waren zwischen 16 und 18 Jahren alt und machen ihren Schulabschluss voraussichtlich 2014/15.

Da ich selbst bereits früh wusste, welchen Beruf ich später ausüben möchte und es mich wunderte, dass viele meiner Freunde sich noch gar keine Gedanken dazu gemacht hatten, interessiert es mich natürlich, wie Jugendliche heutzutage zur Berufsfindung stehen.

Auf die Frage ob man bereits eine Berufsidee hat, hatten die männlichen Befragten:

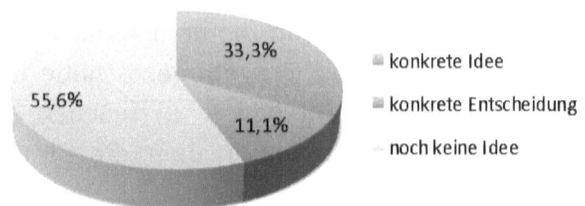

Bei den weiblichen Befragten fiel die Auswertung ähnlich aus:

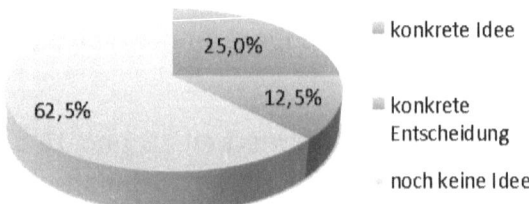

Bei meiner nächsten Frage ging es um die Option, sein Hobby zum Beruf zu machen. Ich wollte wissen, wer sich vorstellen kann, sein Hobby zum Beruf zu machen.

Da das Hobby normalerweise Spaß macht, würde man so ja auch Spaß in seinem Beruf haben. Die andere Sichtweise ist, dass das Hobby auch Hobby bleiben soll.

Hier ist es interessant zu sehen dass bei den männlichen Befragten viel häufiger der Wunsch vorhanden ist, das Hobby zum Beruf zu machen.

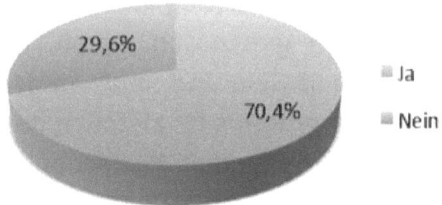

Ganz anders bei den Frauen. Sie möchten lieber das Hobby als reine Freizeitbeschäftigung behalten und Berufliches vom Privaten trennen.

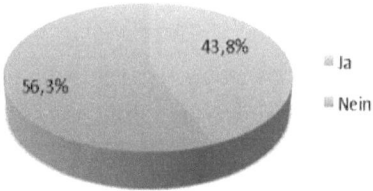

Neben einigen kleinen Zwischenfragen, interessierte mich vor allem was denn eine gute Motivation für einen Beruf wäre. Ich bekam viele verschiedene Antworten, was den Schülern für den Berufseinstieg wichtig wäre, doch die am meisten genannten waren, ein gutes Arbeitsklima und Geld und Spaß an der Arbeit. Anhand des Diagramms ist ziemlich deutlich zu erkennen, dass Spaß den Menschen doch am aller Wichtigsten ist.

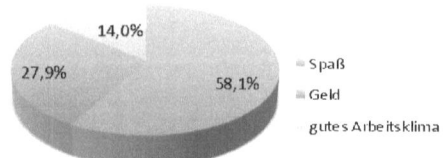

Abschließend kann ich sagen, dass dieser Fragebogen für mich sehr hilfreich war. Er hat mir
einen guten Einblick in die Berufsfindung der
Jugendlichen gegeben und mich motiviert, dieses Buch zu schreiben.

Anhang

Quellen und Zitate

(1) Quelle: http://m19s28.dyndns.org/
iblech/klasse9/node163.html

(2) Quelle: , http://www.zeit.de/1978/10/die-maenner-in-
der-mettage-ratlos/seite-1

(3) Quelle: http://www.ausbildung.net/
berufsfindung/berufsfindung-allgemeine-infos.html

(4) Quelle: http://www.ausbildung.net/
berufsfindung/berufsfindung-allgemeine-infos.html

(5) Quelle: http://www.ausbildung.net/
berufsfindung/was-kann-ich.html

(6) Quelle: http://www.ausbildung.net/
berufsfindung/was-will-ich.html

(7) Quelle: http://www.ausbildung.net/
berufsfindung/welcher-beruf-passt-zu-mir.html

(8) Quelle: http://www.ausbildung.net/
berufsfindung/berufswahltest.html

(9) Quelle: http://www.azubi-
azubine.de/ausbildung/ausbildung-
abgebrochen.html

(10) Quelle: http://www.azubi-
azubine.de/ausbildung/ausbildung-
abgebrochen.html

(11) Quelle: http://www.azubi-
azubine.de/ausbildung/ausbildung-
abgebrochen.html

(12) Quelle: http://www.ausbildung.net/
berufsfindung/vom-hobby-zum-beruf.html

(13) Quelle: http://www.pausenhof.de/referat/
wirtschaft/arbeit-im-wandel-ausgestorbene-berufe-
und-deren-nachfolger/9301

(14) Quelle: http://www.spiegel.de/karriere/
berufsleben/fachkraeftemangel-hat-nichts-mit-
demographischem-wandel-zu-tun-a-837409.html

(15) Quelle: http://www.spiegel.de/karriere/
berufsleben/fachkraeftemangel-hat-nichts-mit-
demographischem-wandel-zu-tun-a-837409.html

(16) Quelle: https://www.deutsche-
bildung.de/themenwelt-campus-karriere/info-
center/wissenswertes-aus-hochschulpolitik-und-
bildung/news/berufe-im-wandel-was-sie-morgen-
koennen-muessen.html

(17) Zitat Mareike Dirks, Personalchefin
Colombi Hotel Freiburg

Bildnachweis

Der Buchtitel wurde gestaltet unter Verwendung eines Bildes von Alazne González.
(c) 23.01.2006 by Alazne González

Quelle: https://picasaweb.google.com/lh/
photo/wHqfLLojHbUzAZBhu6nidMTjNZETYmyPJy0liipFm0

Speisesaal des Alla Fonte – Bad Krozingen
Quelle: http://www3.toubiz.de/
media/image/big/01425_31.jpg

Der Markgräflerhof in Freiburg
Quelle: http://media.prontohotel.com/
_htl/249/407249/13814-l.jpg

Das TAOme in Emmendingen
Quelle: http://www.everyday-feng-shui.de/feng-shui-
news/wp-content/uploads/2013/07/taome-feng-shui-
hotel.jpg

Frühstücksraum im Colombi Hotel
© Phillipp Brenner

Im Weinkeller im Colombi Hotel
© Phillipp Brenner

In der Konditorei des Colombi Hotel
© Phillipp Brenner